Inhalt

ISO 14001:2004 - Zertifiziertes Umweltmanagement macht sich bezahlt

Kernthesen

Beitrag

Fallbeispiele

Weiterführende Literatur

Impressum

ISO 14001:2004 - Zertifiziertes Umweltmanagement macht sich bezahlt

I. Zeilhofer-Ficker

Kernthesen

- Die Umweltnorm ISO 14001 hat sich weltweit als Standard für das Umweltmanagement durchgesetzt.
- Da jedes Unternehmen seine Umweltziele selbst festlegen kann, ist die ISO-14001-Zertifizierung sowohl für Produktionsunternehmen als auch für Dienstleistungen geeignet.
- Die Zertifizierung kostet zwar Geld, durch das kontinuierlich verbesserte

Umweltmanagement lassen sich andererseits aber meist höhere Einsparungen erzielen, als Kosten entstehen.

Beitrag

Immer mehr Kunden weltweit kaufen nur noch bei Unternehmen ein, die umweltgerecht agieren. Wird Umweltfrevel bekannt, so ist das Resultat schnell ein Boykott der entsprechenden Produkte und die wirtschaftlichen Konsequenzen sind fatal. Kann ein Betrieb auf die ISO-14001-Zertifizierung verweisen, so kann man davon ausgehen, dass Umweltaspekte dort eine gebührende Rolle spielen.

Zertifiziertes Umweltmanagement schon seit 1996

1996 wurde eine internationale Norm für Umweltmanagementsysteme geschaffen. Die ISO 14001:1996 legte fest, welchen Anforderungen ein Unternehmen gerecht werden muss, um das ISO-14001-Zertifikat zu erlangen. Die Revision der Norm im Jahr 2004 brachte einige Neuformulierungen und Konkretisierungen, die Struktur der Norm wurde aber beibehalten. (1)

Die ISO 14001 gilt international als die Umweltnorm schlechthin. Will ein Unternehmen nachweisen, dass es umweltpolitische Anstrengungen unternimmt, so lässt es sich nach ISO 14001 prüfen. Das Zertifikat gilt als Garant dafür, dass mindestens alle umweltrelevanten Gesetze und Vorschriften eingehalten werden. Darüber hinaus bedeutet die Norm, dass das Unternehmen weitergehende Anstrengungen unternimmt, die Umwelt zu schützen. Fast 130 000 Firmen weltweit hatten sich im Jahr 2007 der Norm bereits unterworfen, die meisten davon in Japan. In Deutschland waren im gleichen Jahr ca. 5 800 Firmen zertifiziert. Damit steht Deutschland an siebter Stelle der Weltrangliste. Das Siegel wird dabei überall ständig beliebter innerhalb von zwei Jahren nahm die Anzahl der Zertifizierungen global um 30 Prozent zu. Und die Zahlen steigen weiter. (1), (2)

Ein Umweltmanagementsystem nach ISO 14001 hat der Struktur Planen, Ausführen, Kontrollieren, Optimieren zu folgen. Die kontinuierliche Verbesserung der für das Unternehmen relevanten Umweltaspekte ist als oberstes Ziel zu verfolgen. (1), (2)

Als erster Schritt muss das Management die Schaffung eines Umweltmanagementsystems beschließen und die Umweltpolitik sowie die

Organisationsstruktur festlegen. Dabei ist darauf zu achten, dass Umweltschutzbelange systematisch bei allen Aufgaben und Entscheidungen berücksichtigt werden. Eine strikte Einhaltung der Umweltgesetze und Vorschriften als Minimum muss selbstverständlich sein. In größeren Unternehmen wird die Benennung eines Umweltschutzbeauftragten als sinnvoll erachtet. (1), (2), (3)

Da jedes Unternehmen anders ist, unterscheiden sich die im Schritt Zwei zu setzenden Umweltziele gravierend. Die Möglichkeiten eines Dienstleisters sind meist geringer, als die eines produzierenden Unternehmens. Den Energie-, Wasser- und Papierverbrauch können beide verbessern und auch bezüglich der Handhabung von Dienstreisen erschließen sich überall Einsparpotenziale. Darüber hinaus wird der Industriebetrieb seine Produktentwicklungs- und Produktionsprozesse, die Zulieferanten und das Abfallmanagement genauer unter die Lupe nehmen. Trotzdem sollte man die Möglichkeiten im Dienstleistungsgewerbe nicht zu gering einschätzen. (1), (2), (3)

Sind die Ziele gesetzt, müssen die Mitarbeiter informiert und geschult werden. Alle müssen an einem Strang ziehen, damit die Umweltschutzmaßnahmen greifen. Wichtig ist eine andauernde Kontrolle, ob die vereinbarten

Prozessänderungen durchgeführt wurden und für die Erreichung der gesetzten Ziele ausreichen. Eine stetige Optimierung und eine kontinuierliche Anpassung an neue Gegebenheiten ist anzustreben. (2), (3)

Die oben dargestellte Entwicklung eines Umweltmanagementsystems kann von einem akkreditierten Zertifizierer begleitet werden. Dieser wird die Dokumentation des Systems überprüfen und das Audit vor Ort durchführen. Ist alles vorschriftsmäßig zusammengestellt und umgesetzt, empfiehlt der Prüfer das Unternehmen für die Zertifizierung und stellt das Registrierungszertifikat aus, das jeweils drei Jahre lang gültig ist. In dieser Zeitspanne besucht der Auditor das Unternehmen immer wieder, um festzustellen, ob alle Anforderungen weiterhin eingehalten werden. (2)

Was bringt die Umweltzertifizierung

Viele Firmenchefs sehen in der Umweltzertifizierung in erster Linie einen Kostenfaktor. Natürlich kostet der Aufbau eines Umweltmanagementsystems und die darauf folgende Prüfung erst einmal Geld. Vor allem Investitionen in alternative Energieerzeugung oder energiesparende Fahrzeuge, um nur zwei Beispiele zu nennen, können schnell in die Hunderttausende gehen. Andererseits stellt sich fast immer heraus, dass sich Umweltschutzmaßnahmen bezahlt machen. Durchschnittlich werden von den ISO 14001 Unternehmen Kosteneinsparungen von 90 000 Euro pro Jahr erzielt. Manche Firmen berichten aber sogar von Einsparungen in mehrfacher Millionenhöhe. (2)

Denn Energie ist teuer geworden. Jeder eingesparte Fahrtkilometer sei es für die Dienstfahrt des Außendienstmitarbeiters oder für den Transport einer Fracht beim Spediteur bringt bares Geld. Spritsparende Fahrzeuge amortisieren sich schnell und die Optimierung der Routenplanung bedingt ebenfalls eine niedrigere Treibstoffrechnung. (2), (4)

Im Gebäudebereich lassen sich gleichfalls große Einsparungen verwirklichen. Immobilien werden 40 Prozent des Energiebedarfs zugeschrieben wodurch sich große Potenziale für den Umweltschutz ergeben. Umweltfreundliche Baumaterialien, eine verbesserte Wärmedämmung und moderne, alternative Heiz- und Kühlsysteme sind gefragt. Viele dieser Möglichkeiten lassen sich auch für bestehende Gebäude nutzen. (5)

Das Sparen von Energie, Wasser, Abwasser, Papier

und vielem mehr zeigt sich schnell in der Kostenrechnung eines Unternehmens. Und umweltfreundliche Gebäude, Fahrzeuge und Maschinen erzielen beim Wiederverkauf höhere Preise. Nicht so leicht messbar ist der Imagegewinn, der mit der Umweltzertifizierung verbunden ist. Tatsache ist jedoch, dass immer mehr Unternehmen von ihren Lieferanten eine Umweltzertifizierung verlangen und auch die Endkundennachfrage nach umweltfreundlichen Produkten und Leistungen steigt kontinuierlich an. Die ISO-14001-Zertifizierung wirkt damit positiv sowohl für die Neukundengewinnung als auch die Pflege von bestehenden Lieferbeziehungen. (2), (5), (6)

Fallbeispiele

Die Sparkasse Frankfurt war eines der ersten Dienstleistungsunternehmen, dass sein Umweltmanagementsystem schon Anfang 1998 von einem unabhängigen Gutachter hat prüfen lassen. Seit dem Jahr 2003 erfolgte die Prüfung auch nach DIN EN ISO 14001. Als Resultat des konsequenten Umweltmanagements konnten die Kosten für die Entsorgung von Restmüll seit 1990 um 85 Prozent gesenkt werden. Damit Umweltaspekte auch bei den Bankprodukten berücksichtigt werden, hat die Sparkasse Frankfurt den Punkt Umweltrisiken als Prüfkriterium für die Vergabe von Krediten mit aufgenommen. (3)

Sonae Sierra ist ein weltweit tätiger Entwickler und Betreiber von Einkaufszentren. Seit dem Jahr 2000 entstehen und arbeiten Projekte von Sonae Sierra nach ISO 14001. 21 bestehende Einkaufszentren halten das Umweltzertifikat, 17 weitere sollen im Laufe des Jahres 2008 dazukommen. Sogar elf Großbaustellen werden nach den ISO-14001-Vorschriften betrieben. Sonae Sierra ist davon überzeugt, dass die Betriebskosten der Einkaufszentren durch die Einhaltung der Umweltkriterien niedriger sind und dass dadurch ein ökonomischer Wettbewerbsvorteil erreicht werden kann. (5), (7)

Im Hotel- und Konferenzbereich ist eine steigende Nachfrage nach umweltgerechten Veranstaltungen spürbar. Mehr und mehr Hotels beantragen deshalb die Prüfung nach ISO 14001. Bekannte Beispiele sind die Radisson SAS Hotels in Düsseldorf und Köln und auch die Dorint Hotels bemühen sich um die Prüfplakette. Das Edinburgh International Conference Centre (EICC) hat die Zertifizierung bereits erhalten. Schon im ersten Jahr nach der

Einführung wurden 70 000 britische Pfund Betriebskosten gespart. Das Recyclingaufkommen für Pappkartons erhöhte sich von 3,3 auf 11 Tonnen. (6), (8)

Weiterführende Literatur

(1) Glatzner, Ludwig, 14001news, Die deutsche Webseite zur Umweltmanagementnorm ISO 14001 aus Süddeutsche Zeitung, 02.08.2008, Ausgabe Deutschland, Bayern, München, S. 32

(2) Gut in Form mit grüner Norm
aus LOGISTIK HEUTE, Heft 10/2008, S. 64-65

(3) Ökologie und Ökonomie vertragen sich
Umweltbeauftragte sind nicht nur zur Imagepflege da
- Eigenverantwortung der Unternehmen stärken -
Umweltauswirkungen regelmäßig prüfen
aus Börsen-Zeitung, 23.08.2008, Nummer 163, Seite B9

(4) Es liegt was in der Luft
aus Verkehrs Rundschau, Heft 41/2008, S. 26

(5) Die Branche schaltet auf grün
aus Lebensmittel Zeitung Spezial Nr.03 vom 26.09.2008 Seite 066

(6) Energiesparlampen und kompostierbare Tickets
aus Stuttgarter Zeitung, 08.10.2008, S. 3

(7) Sonae Sierra stellt die Ampel auf Grün
aus Immobilien Zeitung Nr. 31 vom 07.08.2008 Seite 11

(8) Case StudyL Edinburgh International Conference Centre (EICC) Events host answers call of the environment
aus The Scotsman 09.10.2008, Page 8

Impressum

ISO 14001:2004 - Zertifiziertes Umweltmanagement macht sich bezahlt

Bibliografische Information der deutschen Nationalbibliothek

Die Deutsche Nationalbibliothek verzeichnet diese Publikation in der deutschen Nationalbibliografie; detaillierte bibliografische Daten sind im Internet über http://dnb.d-nb.de abrufbar.

ISBN: 978-3-7379-1494-9

© 2015 GBI-Genios Deutsche Wirtschaftsdatenbank GmbH, Freischützstraße 96, 81927 München, www.genios.de

Alle Rechte vorbehalten. Dieses Werk ist einschließlich aller seiner Teile – z.B. Texte, Tabellen und Grafiken - urheberrechtlich geschützt. Jede Verwertung außerhalb der Grenzen des Urheberrechtsgesetzes bedarf der vorherigen Zustimmung des Verlags. Dies gilt insbesondere auch für auszugsweise Nachdrucke, fotomechanische

Vervielfältigungen (Fotokopie/Mikroskopie), Übersetzungen, Auswertungen durch Datenbanken oder ähnliche Einrichtungen und die Einspeicherung und Verarbeitung in elektronischen Systemen.